fundations®

*Wilson Language Basics*

# My Fundations® Journal

**Student Name**

Wilson Language Training Corporation

**www.wilsonlanguage.com | www.fundations.com**

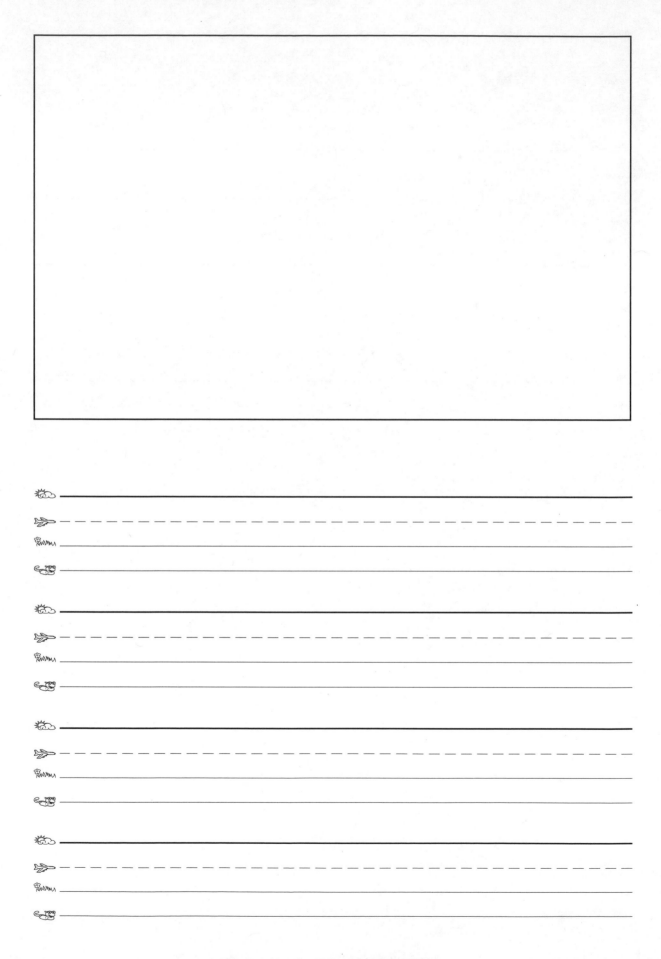

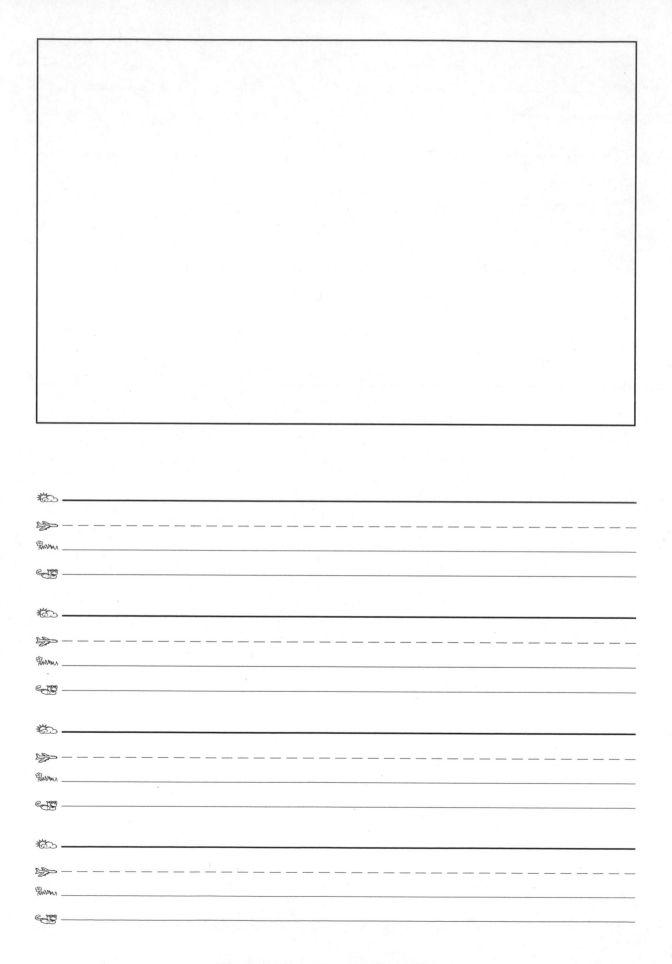

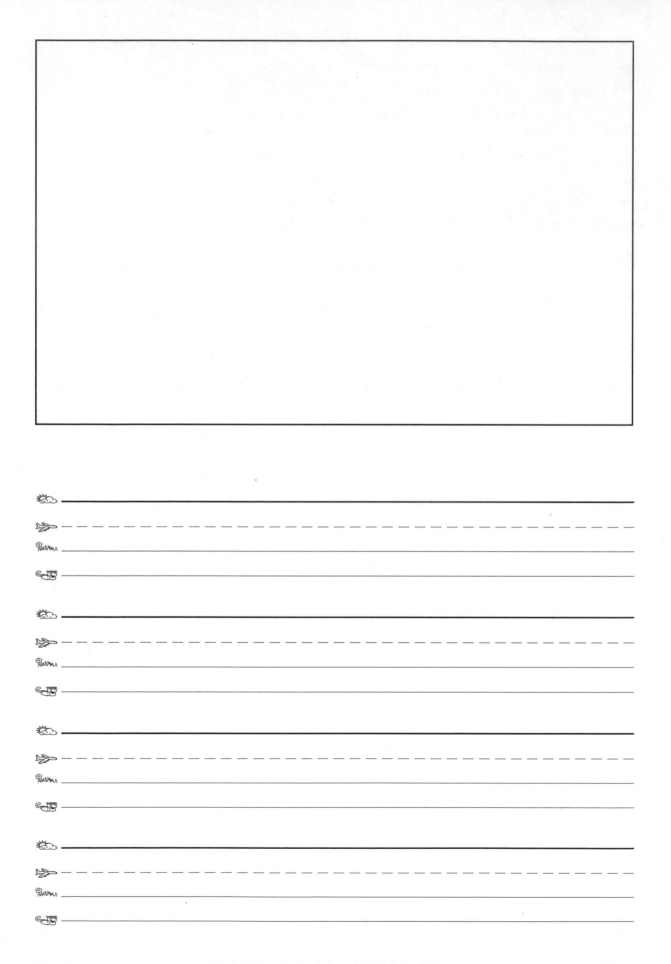

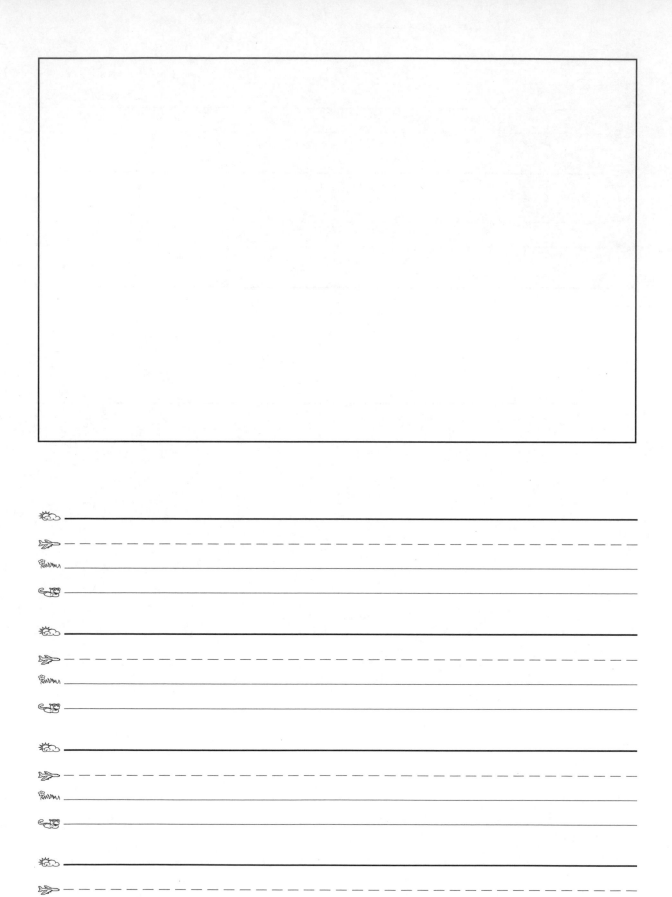

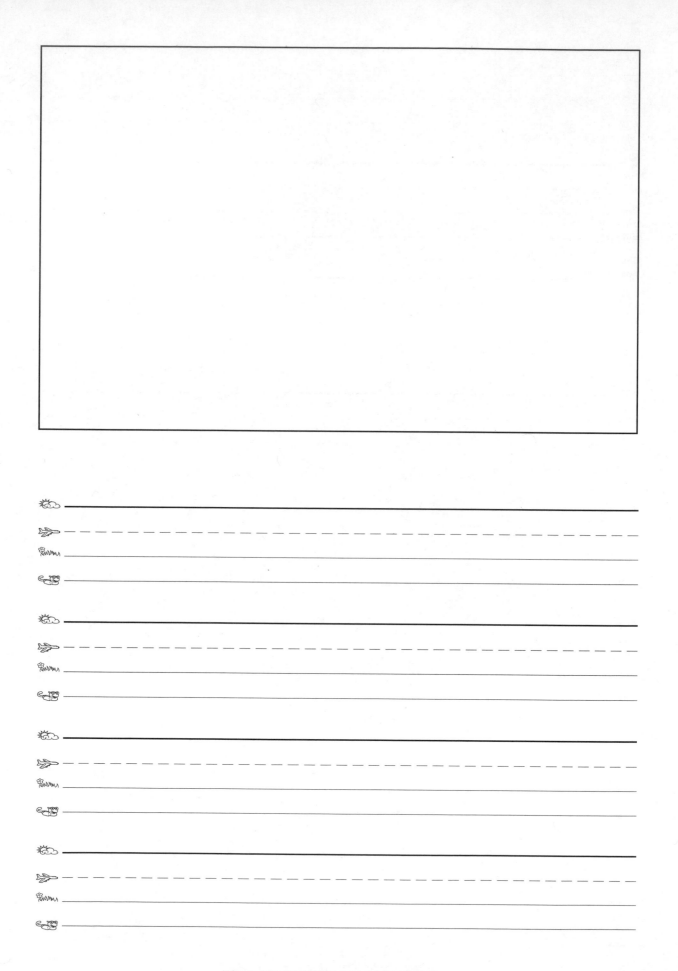

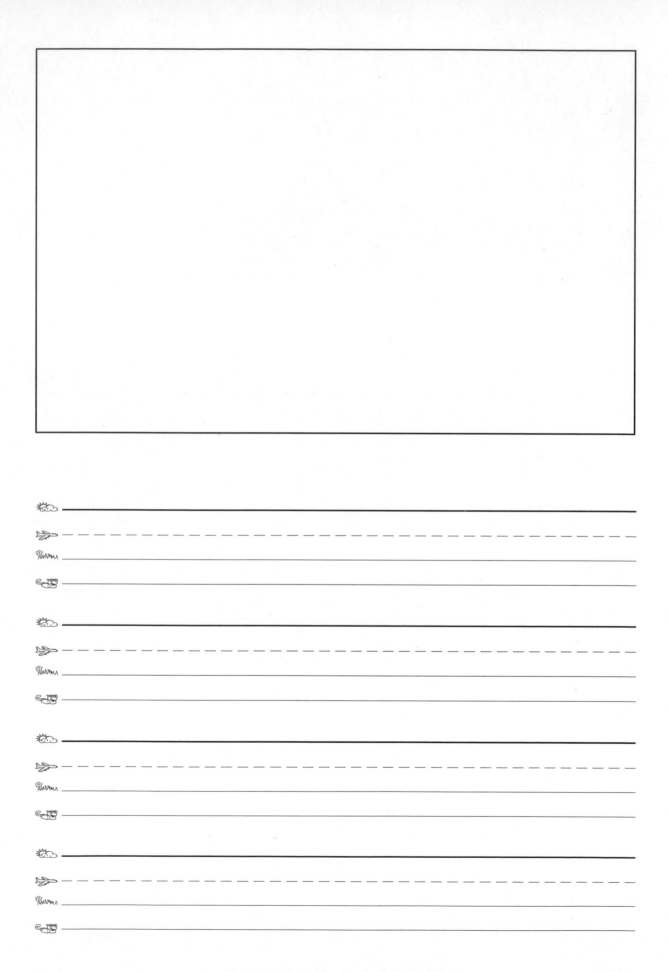

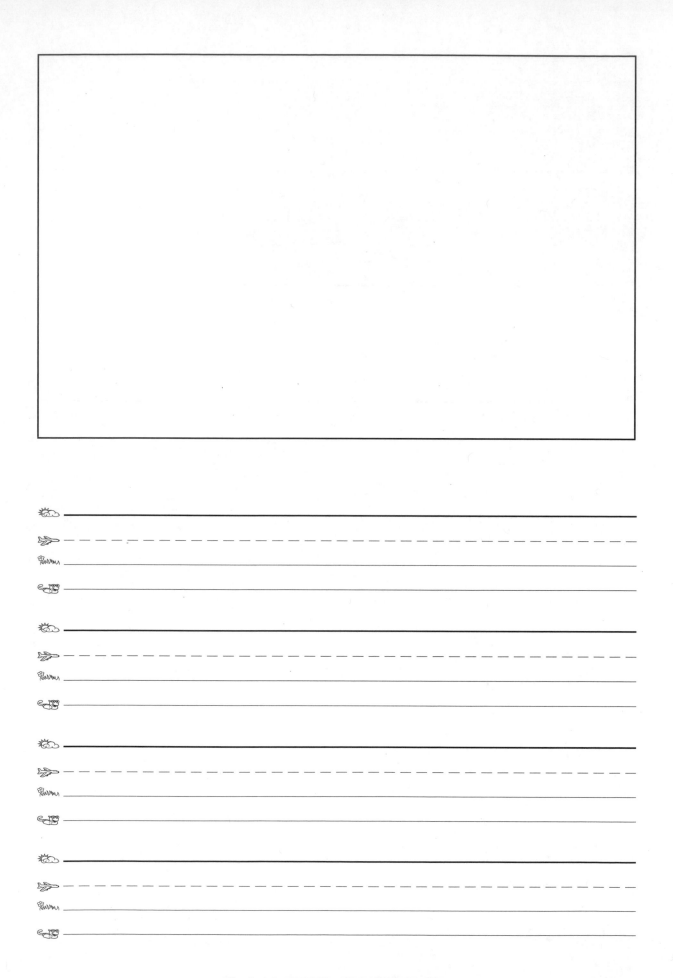

# NOTES